伝道ブックス91

—被災地　能登からのメッセージ—

立ち上がる念仏

竹原了珠

JN220330

目次

第一部

立ち上がる念仏

【凡例】

・第一部の内容は、二〇二四年五月十二日に小松大聖寺教務所にて行われた「十二日講」での法話を基にしたものです。第二部の内容は、「公益財団法人 全日本仏教会」発行『全仏』No.662（二〇二四年七月号）に掲載された著者へのインタビュー記事を転載したものです。

・本文中の『聖典第二版』とは、東本願寺出版（真宗大谷派宗務所出版部）発行の『真宗聖典 第二版』を指します。

・本文中の『真聖全一』とは、大八木興文堂発行の『真宗聖教全書』第一巻「三経七祖部」を指します。

表紙写真：津波被害にあった海岸に咲く黄色い花と地震により大きく形を変えた見附島©TAKA－H／PIXTA

第一部

立ち上がる念仏

はじめに

私は、石川県七尾《ななお》市にある浄願寺の住職をしております竹原了珠《りょうしゅ》と申します。二〇二四年一月一日に発生しました令和六年能登半島地震で被災をした一人ですが、震災直後から本当にいろいろな様子を見せていただきました。その中で、三年前に亡くなった私の父、前住職との関わりを通して教えられた『仏説無量寿経《ぶっせつむりょうじゅきょう》』の言葉が、また蓮如上人《れんにょしょうにん》が残された文言《もんごん》が、身に沁《し》みて感じられるようになりました。そのことを中心に、今感じていることをそのままお話しさせていただきたいと思います。

■人の中に教えは生き続ける

今ほど申しました『仏説無量寿経』の言葉とは、「止住百歳《しじゅうひゃくさい》」という言葉なのですが、このような文章の中に出てきます。

当来《とうらい》の世《よ》に経道滅尽《きょうどうめつじん》せんに、我《われ》、慈悲哀愍《じひあいみん》を以《もっ》て、特《こと》に此《こ》の経《きょう》を留《とど》めて止住《しじゅう》すること百歳《ひゃくさい》せん。

（『聖典第二版』九三頁）

〝来たるべき時に仏教の教え、そして道はすべて滅尽する。ことごとく無くなる。けれども、すべてのお経や教え、道が無くなったとしても、念仏の教えが説かれている『無量寿経』だけは百年留める〞という意味でしょう。百年は人の寿命、一生涯と私は受け止めています。生涯を尽くしていく中にこの仏の教えは生き続ける。絶えさせないということが『仏説無量寿経』の最後に書かれているわけです。「念仏は生き続ける、念仏の教えを残していく」、そういう意味で「止住百歳」という言葉が出てきています。

実は、数年前からこの言葉が気になっておりました。三年前に前住職が亡くなったのですが、その時にこの「止住百歳」を現実の問題を通して実感することができたように思っています。

前住職は亡くなる五年ほど前から認知症になり、最後にはお経はもちろん、幼いころから親しんできた「正信偈《しょうしんげ》」のお勤めもできなくなりました。そして、六十年ほどずっと側にいた連れ合いのこともわからなくなり、私たち子どもや孫たちのこともわからなくなっていきました。そのうち、ここが自分の家であることも、自分が何者かさえもわからなくなってくる。様々な人や物事と紡《つむ》がれていたすべての記憶や機能が全部ボロボロと崩れ、ほどかれていく――。そして最後には息をすること、そういった機能もほどかれていきました。

元気なころは、お葬式やご法事、そして法要でもちろんお勤めしていました。けれども私の記憶の中では、一度たりともお朝事《あさじ》、お夕事《ゆうじ》を勤めたことのない住職でした。つまり住職の務めは果たしても、日常生活の中でお念仏を申したり、自ら恭敬《くぎょう》礼拝《らいはい》したりするような人ではなかったのです。けれども、認知症によって、「正信偈」も、家族のことも、ここが自分の家ということすらもわからなくなって、すべての繋《つな》がりが途絶《とぜつ》していく中で、今まで一度もお参りすることがなかったお朝事に来ていました。気がついたら私の後ろに座っているのです。「正信偈」のお勤めはできない。ですが、私の後ろで念仏の声がずっと響いているのです。お朝事は子どものころから私ひとりの役目でしたし、普段の生活で念仏を称《とな》えるすがたを見せることがない父でしたから、かわいい顔をしてちょこんと座り、無邪気に念仏を称えているすがたに、慄《おのの》いている自分がいました。一体何が父をそうさせたのか、何の力なのか、それはわかりませんが、翌日以降もお念仏を称えていました。

生活の中で念仏申すことがなかった前住職に対して私は、「経道」つまり仏の教えが届いていない、そう感じていました。しかし、認知症になり、習慣も、経験や知識、機能も本人からほどかれていく中で、念仏が立ち現れた。病の有無にかかわらず確かに仏の教えが届いていたことを実感したのです。「これが「止住百歳」ということなのだ」と前住職から教えられた思いでした。

その後さらに症状が悪化し、最後は病院で亡くなりました。この身を生きようとするすべての機能が崩れ去ったすがた、いのちを尽くし切ったすがたは、骸骨《がいこつ》そのものでした。

■人間の痛ましさ

『往生要集《おうじょうようしゅう》』という源信僧都《げんしんそうず》が書かれた書物の中に、「人間」の在りようについて次のように示されています。

人道《にんどう》を明さば、略して三の相《そう》有り、応《まさ》に審《つまびら》かに観察《かんざつ》すべし。一には不浄《ふじょう》の相、二には苦《く》の相、三には無常《むじょう》の相なり。

（『真聖全一』七四五頁）

人間とは、どんなものを食べても臭い糞尿を排出する、そういった意味で不浄であると。また、病や様々な境遇の中で苦を感じざるを得ない存在。そして、どんな者であっても命を終えていかねばならない、無常であると示されています。そしてこの後に、無常はどうしても避けられないのだと書かれています。裏返して言えば、弱く頼りない、そして何一つ確かなものをもたない存在としての「人間」なのだ、ということでしょう。

また、この人間の相を説く一段では、人間の体の構成についても事細かに紹介されています。足の裏は、かろうじてわずかにこの大地に接して、この体を支えている。その足裏はくるぶしの一点によって、かろうじて脛《すね》を支えている。この脛の骨は、かろうじて膝《ひざ》の骨を支えている。この膝の骨によってかろうじて骨盤を支えている。骨盤によってかろうじて脊椎《せきつい》が、脊椎によってかろうじて鎖骨が支えられ、その上にかろうじて頭が乗っているだけの体。それはまるで朽ちて壊れていく家のようだと。この人間が壊れないことを夢見て、何を誇《ほこ》ろうとするのか。あてにならないものをあてにしてすがろうとする人間の痛ましさが『往生要集』の中に書いてあります。

前住職のすべての繋がりはことごとく消えていった。まさに無常です。それまで本人を支えてきたものがすべて滅していく。でも、滅してもなお立ち現れてくるものがある。それが止住せんとする仏の願いです。こういうことを三年前に亡くなっていく前住職から教えられました。この世の中は、教えられる出遇《であ》いに溢れています。私たちがふれている一つ一つの出遇いの中に、浄土《じょうど》の真実が顕《あらわ》れていると思います。

■如来の願いが先にある

親鸞聖人《しんらんしょうにん》の主著『教行信証《きょうぎょうしんしょう》』の正式名称は『顕浄土真実教行証文類《けんじょうどしんじつきょうぎょうしょうもんるい》』です。これをまっすぐ読んで、浄土の真実の「教」「行」「信」「証」を親鸞聖人が顕したと説明されることがあります。けれども、そのような説明では私はどこかしっくりこないのです。

親鸞聖人は著述を残されましたが、親鸞聖人のこのお仕事以前に、浄土の真実はもうすでに顕れている。私たちのこの世界に浄土の真実が至っている。どういう形で至っているかというと、先ほど申しましたように人間がいかに頼りないものか、頼りないものが消えていった後に何が私たちに残るのか。何が顕れてくるのか。親鸞聖人はそのことを伝えてくださったと、私は受け止めています。

『教行信証』「総序《そうじょ》」に、王舎城《おうしゃじょう》で起こった出来事、物語について書かれています。この王舎城の物語は、阿闍世《あじゃせ》という王子が提婆達多《だいばだった》という人間にそそのかされ、父である王を幽閉《ゆうへい》するというクーデターを起こした。そのことを契機にして、阿闍世の行いに心を痛めた王妃《おうひ》・韋提希《いだいけ》に対してお釈迦様が浄土の教え、『仏説観無量寿経《かんむりょうじゅきょう》』を説かれたと、通常であればこのような展開で話されることが多いように思います。しかし、「総序」にはこう書いてあります。

然《しか》れば則《すなわ》ち、浄邦縁熟《じょうほうえんじゅく》して、調達《じょうだつ》、闍世《じゃせ》をして逆害《ぎゃくがい》を興《こう》ぜしむ。浄業機《じょうごうき》彰《あらわ》れて、釈迦《しゃか》、韋提《いだい》をして安養《あんにょう》を選《えら》ばしめたまえり。斯《こ》れ乃《すなわ》ち、権化《ごんけ》の仁《にん》、斉《ひと》しく苦悩《くのう》の群萌《ぐんもう》を救済《くさい》し、世雄《せおう》の悲《ひ》、正《まさ》しく逆《ぎゃく》・謗《ほう》・闡提《せんだい》を恵《めぐ》まんと欲《おぼ》す。

（『聖典第二版』一五九頁）

浄土の教えが説かれるのを待って、王舎城での悲しみの物語が開かれてきたということです。出来事があったから教えが説かれたわけですが、浄土の教えを説くべき時期がきたのだと、お釈迦様は、教えを説くことを待たれていたと、親鸞聖人は受け止めておられるのだと思います。

私たちは、悲しい出来事があったご縁で教えが聞けるような身にさせていただきましたと言うでしょう。ご門徒とお寺の話を例にすれば、親が亡くなったというご縁で、お寺と関係が深くなりましたということがあるのでしょう。そして教えを聞く身にさせてもらいましたということもよくお聞きします。これは、出来事が最初にあって、その後で教えが開かれるという順序立てです。

けれども親鸞聖人の表現は逆と言いますか、そこには背景があることをお示しになっているのだと思うのです。「浄邦縁熟して、調達、闍世をして逆害を興ぜしむ」という表現について、以前からずっと気になっていました。様々に解釈があるところですが、ここを私は、王舎城における悲しみの物語以前に教えを開きたいという願いがあったというように思っています。つまり如来の願い、浄土の真実が先にあった。私たちの目の前に起こる様々な出来事は、教えを開く、願いがはたらく場として繰り広げられているということです。

前住職との話を例にすれば、認知症になったことを契機として、「止住百歳」ということをうかがうようになりましたというのが普通でしょうけれども、私はそう受け止められませんでした。念仏を申すことがなかった人から念仏が出てきたという体験をした時に、何がこれを催《もよお》させているのか、誰が私にこの光景を見させているのかと思いました。親鸞聖人がおっしゃるように、如来の願い、浄土の真実が私の目の前に至ろうとしてきたということ以外に私の中では説明がつかないのです。

皆さんも多くの人たちの死に会い、またたくさんの涙を見てきたでしょう。実は、その一つ一つが〝これでもまだ念仏が称えられないですか。これでもまだ疑いを持ちますか〟という如来の願いが私たちの前に顕れようとした光景です。如来の光が届けられている場なのです。

如来の光というのは、何か光線のようなものではなくて、現実的な光景としてはたらくのだと思うのです。そのような光景が私たちの目の前に次から次へと繰り広げられているのでしょう。〝もうたくさんだ、いい加減にしてほしい〟と思っても、苦しい出来事が次から次へと起こる。その一つ一つが、浄土の真実が顕れようとしてきている、または顕れてきているすがただと、そういう形で私たちは如来の願いの光に包まれているということです。考え方とか感覚の話ではなくて、現実にそういう光に私たちは包まれていると思うのです。それは人の歩みの中に、如来がはたらきかけ、呼びかけているということです。

■遥か過去の経験

私たちのいのち終わるまで絶えることなく、目の前にいろんな人たちが現れ、いろんな出来事が起きて、いろんな目に遭っていくわけでしょう。その出来事の一つ一つに如来の真実が至っているというように受け止める私であるかどうか。それは私たちが歩んできた経験によります。これを宿世《しゅくせ》（過去世）における善ともいいます。蓮如上人のお手紙

『御文《おふみ》』にも「宿善開発《しゅくぜんかいほつ》」という言葉があります。宿善というのは、いろいろと解釈はありますが、自分が行《おこな》ってきた善行《ぜんぎょう》というような個人的な小さなものではないのでしょう。生命、人類が何億という年月を積み重ねてきて、様々なことに出遇ってきたその経験です。その経験によって出遇いの中身が決まるということです。

いつまで経っても、こんな嫌なことが起こった、またこんな目に遭ったと言うだけで終わっていく。自分の思い通りになったら良いのにということばかり思ってしまう。

けれども中には、辛い出来事の上に如来の願いが至った、念仏を勧められていると感じる人もおられるでしょう。お経には、そのように感じる方は過去（宿世）において、仏に出遇ったことがあるのだと説かれています。繰り返すようですが、宿善とは、個人に限定されるような小さな話ではありません。個人を超え、有縁無縁の人類が遥か昔に念仏に出遇い歓喜《かんぎ》したという過去の経験、それを宿善といいます。この遥か昔からの出遇いと歓びの積み重ねによって、今、如来の願いが顕れていると疑いなく知ることができた、それが宿善開発ということです。

■善と悪　安心と不安

このたびの地震でも、様々な人間のすがたを見つめさせていただいています。発災以降、大変ありがたいことにいろんな方から善意を届けていただいておりますが、時に善意がぶつかることがあります。例えば今でも、奥能登では生活用水が充分ではありません。そういった情報が入っていない方からすると、ペットボトルの飲料水をたくさん送ったらいいと思うわけですね。ところが現地で求められている水とは、飲料水ではありません。トイレの水であったりお洗濯の水であったり、洗い物の水など、それこそ生活用水です。洗濯には大変たくさんの水を使うわけです。トイレにしてもそうです。こういうことを私も全く知りませんでした。洗濯機にペットボトルの飲料水を使うと、洗いとすすぎ二回の通常コースで一〇〇本くらいは必要です。そもそも飲料水をそういうことにはなかなか使いませんし、全自動の場合、途中で水が切れるとコンピユーターの関係でエラーが出て、止まってしまいます。

発災してからしばらく経った時期に、何トンものペットボトルを届けたいというお電話をいただきましたが、能登においては、残念ながらニーズが違いますと返答しましたら、大変気まずくなりました。なんだか悪人のような立場になり、申し訳ありませんと申し上げるしかありませんでした。善意をお断りすると悪になる。善が悪を生むと言ってもいいかもしれません。そういうことも勉強させていただきました。また、「何が欲しいですか」と質問する方がおられたので、「携帯トイレが求められています」と返答したことがあります。水が出ないということはトイレも流せません。ですから携帯トイレ（凝固剤つきの厚手のナイロン袋）が求められていて、在庫が無い状態が長期間続いていました。けれども相手の方は不満足なようで「本当ですか？　お大事に」と心配されて、それ以来、音信不通になったこともありました。その方は他にやりたいことがあったようです。それ以外にもこういった事例はたくさんあります。

それから、私たちは普段生活していると、もう金科玉条《きんかぎょくじょう》のように平等とか公平と言うでしょう。平等・公平は発災直後の被災地では成り立ちません。平等は、物が溢れて余裕がある時にしか通用しない。または何もしないことの言い訳のような言葉でしかないということもわかりました。具体的に言うと生々しすぎるので控えますが、平和な時には隠されている人間のすがたがあらわになって本性が見えてきます。

また、この地震で深く頷《うなず》かざるを得なかったのは、こんな状況になっても、その土地から離れられないということです。離れた人もおられますけれども、離れたからといって安心かというとそうではありません。生まれ育った土地、郷里にいる人が思い出されてきます。それはまだその土地で苦労している、耐え忍んでいる人がいるのに私たちは出てしまったという辛さが、離れた人を追いかけてくるのです。ですからテレビで「能登」という言葉を聞く、または映像を観る、それだけでもやはり辛いと思う。おそらく一・五次避難※、二次避難した人たちはみんな安心安全を求めて行ったにもかかわらず、安心ではないのです、きっと。

ずっと土地や人への思いが追いかけてきている。身は離れているのに感情や気持ちは当然繋がっている。そこから離れられないという人間のすがたがあります。

※一・五次避難とは、被災地の避難所等から被災地外の避難施設やホテル・旅館等の二次避難所へ移動するため、被災地から少し離れた大型施設等の避難所に一時的に移ること。

■末代無智の在家止住

はじめに話をした止住は『仏説無量寿経』の止住でした。念仏の教えを残していくという意味での止住です。一方、今ほどふれた人間の離れられない在り方というのは、真宗門徒が親しむ蓮如上人のお手紙の中に出てくる「止住」と重なってくるように思います。

末代無智《まつだいむち》の、在家止住《ざいけしじゅう》の男女《なんにょ》たらんともがらは
（『御文』五帖目第一通『聖典第二版』一〇〇〇頁）

この「在家止住」の「止住」です。末代とは、教えにふれることができない、教えを聞こうと思えない、そして覚《さと》った人の言葉を直接聞くことができない時代ということです。そういう時代にあって、仏の智慧《ちえ》に直接ふれることがない、無智なる私たちということです。どうすればい

いのかわからない、先が見通せない、ということです。

そして在家止住とは何かというと、在家は我々ですね。修行に専念することができない。自分自身の生活のすべてを何かに捧げることなんかできないわけですね。そして止住は、蓮如上人がおられた時代では、土地に縛られ、移住することができない。住まいを変えることができないという意味で使われていました。つまり、今生きている環境から離れることができないということが止住の意味としてあるのでしょう。

現代は何か事情があれば移住することができるかと思います。役所に行って転出届を出して、そして受け入れる自治体の役所に転入手続きをすれば解決します。それを当時はできない時代です。簡単な旅行は許されましたが、基本的に農地に縛られ、ムラの仕組みの中に縛られ、そして領主《りょうしゅ》あるいは守護《しゅご》からは年貢《ねんぐ》、様々な労働力という形で縛られて、そこから逃れることができない、そういった農民の在り方を止住というわけです。この中に商人は含まれておりません。商人は地方を歩き回らなければいけませんから、止住とは基本的に農民です。

もちろん農民でも重い年貢に耐え切れなくなって「逃散《ちょうさん》」という形で抵抗して、自分の権利を主張した例はあります。逃散とは逃げるということです。一時的な逃亡です。皆で田んぼをほったらかしにして山へ逃げるのです。ある地域の記録によれば、逃散が大規模に行われて、十月から三月の間、山へ逃げたということです。この期間が意味するのは、田んぼの収穫が終わって、耕作期間が始まる時期ということです。
逃げられたら困るのは誰かといったら、そこを治めている領主、または守護などの支配層ですね。帰ってきて田んぼの耕作を始めてくれないと困るのです。ですので〝年貢をこれほど下げてください〟という要求が通れば、百姓は山から里に帰って農作を行う。それは、命をかけた権利闘争です。

しかしながら、ほとんどは逃散なんてできません。ずっとその土地に留まり続けるために耐えるしかない、これが止住という言葉に含まれている意味です。「末代無智の、在家止住の男女たらんともがら」とは、いろんな形で縛られている、そういう人たちは、ということです。

■様々な思い―人間を教えられる―

今回の地震でも、一・五次避難、二次避難ということもそうですが、避難先で安心できるわけではないから、帰ってくる人もいます。今、五月になって田植えの時期が始まりましたが、田んぼが裂けていると水が抜けていくわけです。「穴が空いてないと思って水を通した。けれども、地震で大地が波を打っていて、これはもしかしたら稲が育たんかも知れん」と言っている人が昨日もおられました。目で見て裂け目がなくても、水を通してみて初めて裂けていることがわかる場合もあります。しかしそれでも、ずっとそこに留まろうとするんです。他の土地で生きるなんて、そんなに簡単にできることではありません。

また、私の知人には、能登に人間同士の争いがあるはずがない、地震の被害の中にあっても、能登の人間は温厚で、そして忍耐強いのだから争いごとや様々なトラブルがあるはずがないと言っていた方がいました。けれども、能登の避難所でお世話を受けている方たちが、SNS※で、私たちの避難所ではこんな酷《ひど》い扱いをされると書き連ねる。それをたまたま見たその避難所でお世話をしている人たちが、涙を流す…。これだけやっているのに、と。心が折れそうになっても、それでもやらなくてはいけないと思う。それから、普段は温厚な方が避難所に身を寄せている方々を嘲《あざけ》る冷たさに驚いたこともあります。

また、能登を象徴する大きな問題、それは過疎と超高齢社会です。震災直後の一月三日、ある能登の地域に行きましたら、七十代の住職が避難所でお世話をしておられました。「お寺の方はいいんですか?」と聞いたら「竹原さん、この在所では七十歳は若手なんや」と。「寺の片付けができないけれども、避難所でみんなを支えるしかないんです」と。七十代の方が大変な苦労をずっと背負ってこられました。何カ月も、今も支え続けている住職がいます。もともと体が細い住職さんが、さらに二回りも小さくなっているように感じたことです。

もちろん、比較的若い方々も発災時のお正月には帰省しておられましたが、正月以降その方々はそれぞれの生活の場へ帰っていきました。離れる人にも複雑な思いがあるはずです。一月三日、奥能登から離れる車の長蛇の列に会いましたが、反対車線を走るたくさんの自衛隊や消防車、救急車に向かって手を振っておられる方が大勢いました。きっと「親を、じいちゃん、ばあちゃんを頼む」という思いだったと思います。

離れることができず支え続けるしかない人がいる一方で、その土地から離れるしかなくて引き裂かれるような思いの人もいる。つまり「在家止住」とは、昔の人間だけを言うのではない。今の私たちのすがたですね。この人間のすがたが明らかになってくることを通して、浄土の真実が顕れていると言わなければならないと私は思います。

※ソーシャル・ネットワーキング・サービスの略称。インターネット上で利用者同士が交流できるサービス。

■不思議なこと

同時に、地震の中で、もう一つ大切なことが教えられています。大変な状況は能登でずっと続いていますが、先ほどもふれたように地震以前から能登は深刻な過疎で、消滅可能性自治体※の一つに数えられています。二〇五〇年までに消滅すると言われている自治体に、石川県では珠《す》洲《ず》市や輪島《わじま》市、能登町《のとちょう》など九つが該当しています。つまりそれほどの過疎と少子化、超高齢化が進んでいるということです。この地域での真宗寺院の平均的な門徒戸数《もんとこすう》は五十戸程で、その皆さんで大きなお寺の伽《が》藍《らん》を維持していくのは大変なのです。この深刻な状況の中で今回の地震が発生しました。

多くの方々から、いろいろと支援をいただきますけれども、〝能登はもうだめだろう〟という声が聞こえてきます。インターネット上でも、〝消滅していくような自治体にどうして国が莫大な費用をかけなければいけないのか〟という発信がいくつもあります。〝お寺はさらに復興できないだろう。お寺の復興は能登の状況からするとありえない〟と言いにくそうに話されているのも聞くことがあります。

まだご門徒が帰ってきていない地域があちこちにありますし、仮に帰ってきたとしても高齢の方々ばかりなので、将来が見通せない。こういう状況であれば、もう終わりだと、そう言ってもおかしくないはずです。けれども、住職さん方はどうにか再建できないかと今、本当に悩んでおられます。悩むということはどうにかしなければと考えているわけです。発災直後は、お寺を解散すると言っていた住職でも、ご門徒がいる限り、小さい寺務所のような場所を作って、お寺を続けたいとおっしゃっています。私も能登の寺院の住職ですけれども、本堂と庫裏《くり》が倒壊したら、もともと過疎で将来見通しが立たない問題を抱えているから、おそらくお寺を諦《あきら》めることを考えるでしょう。もうだめだと。でも、今どうにかして復興したいと願う人がとても多い。

さらに、倒壊した自宅からどうにかしてご本尊《ほんぞん》をお救いしたいというご門徒の声が多く聞こえてきます。どうにかしてご本尊を救《たす》けたいとボランティアの方にお願いして救出されています。天井から穴を開けて救け出すのですが、ボランティアの方からしたら、〝もっと大切なものがあるはずでしょう〟と言いたくなると思うのです。しかし「まずはご本尊」と。そのご門徒からの救け出してほしいという言葉に応えて、ボランティアの方は危険な家屋の中に入って、チェーンソーで切り開いて救け出されたご本尊を見て、家族がみんなで泣くわけです。そして、その場でご本尊を安置し、お勤めをして、「ありがとうございました」と。

ある方は探し出したご本尊を見て、「仏様からいただいた命だ」とおっしゃっていました。「私にもう少し生きてお念仏を後の人たちに伝えてほしいということのお勧めだ」と。ご本尊が壊れた家から救出された時、教えを次の人たちに伝えてほしいということを言われたように感じたそうです。不思議としか言いのようのない光景です。あらゆるものが壊れ、関係も元通りにはならないくらいにバラバラになった。これからどう生きたらいいのかわからない、将来が途絶えているわけですね。そんな中で、お寺とか、ご本尊とか、お念仏とか、それを大切に守ろうとされている。この思いはどこから来た心なのだろうと不思議に思います。

前に前住職の話をしましたが、あらゆる経験や記憶、そして繋がりが絶ち切れて、自分の居場所も無くなった後で、念仏が始まった。これもまた不思議でした。この不思議なことが起こってくるのは何に催されて引き起こされたことなのでしょう。繰り返すようですが、私には、如来の願い、浄土の真実が確かにはたらきかけられてきたからではないかとしか受け止められません。それが「止住百歳」ということの内容なのではないかと思っているのです。

※消滅可能性自治体とは、二〇五〇年までの三十年間で二十歳～三十九歳の若年女性人口の減少率が五十%を超えると予想される自治体のこと。

■立ち上がる念仏

『真宗聖典』に載っている『仏説無量寿経』（康僧鎧《こうそうがい》訳）の最後の段には、お釈迦様自身が、すべてのお経、そしてすべての道が無くなった後で、この『仏説無量寿経』という念仏のお経を残すということが書いてあることにふれましたが、最近、『仏説無量寿経』の異訳《いやく》である『仏説無量清浄平等覚経《むりょうしょうじょうびょうどうがくきょう》』（『平等覚経』・支婁迦讖《しるかせん》訳）の対応箇所が気になっています。そこには、このように書かれています。

我《われ》、般泥洹《はつないおん》し去りて後、経道《きょうどう》留止《るし》すること千歳《せんざい》せん。千歳の後、経道断絶《きょうどうだんぜつ》せん。心の所願《しょがん》に在《あ》りて皆道《みなどう》を得《う》べし。

（『真聖全一』一三一頁）

ここには、〝皆に説き続けてきた教えは、私（お釈迦様）が亡くなった後、千年残しておく。その後は断絶する。すべての教えの道が無くなった後は、皆それぞれの願いに応じて道を歩みなさい〟ということが説かれています。経道断絶して、すべての教え、道が全部無くなった。どの道も一つとして頼りになる道がない、一つとして自分の胸に迫る声として聞こえてこないという時代が必ずやってくる。その時に立ち上がるのはあなた自身だと。あなた自身の願いによって道を歩みなさい、ということが説かれていると私は受け止めています。

これだけですと、後は知りませんから勝手にしてください、というように聞こえるかもしれませんが、そうではないのでしょう。そのあなたに立ち上がる願いは、ずっと遥かな過去において念仏の教えに出遇った人たちの経験（宿善）なのだと。念仏の教えは今に始まったわけではありません。念仏の教え、念仏の救いはずっと遥か昔、始まりなき昔からあった。その歴史の中で念仏を聞いてきた人たちは数え切れないほどいるわけです。その人たちの積み重ねの歴史、それこそがあなたに立ち上がる願いなのだと、説かれているように私は思っています。

私たちに呼びかけられている願いは、ずっと遥か昔から念仏を聞いてきたこととの喜び、歴史の積み重ねです。この喜んできた経験が経道滅尽・断絶した後の私に願いとして立ち上がるということをいうのです。

この経文を読み、なるほどと、身にそして心に沁み入るように思いました。地震で大変な状況になって将来が見えず不安にいるはずなのに、どうにか仏事《ぶつじ》ができる場所をまた再建したいと思う。または屋根を切り開いて倒壊したお家からご本尊を救け出して、また手を合わせたいと思う。その心はどこからやってきたかといったら、おそらく被災された人たちの思いを遥かに超えたところからの、人間が遥か昔から念仏に出遇ってきたことの感動が、私たちの身体を通して道を開こうとしているというようにお経から教えられます。

■呼び起こされる人類の歴史

私は今、五十三歳ですが、五十三年だけ生きているわけではないのです。人類の歴史の分だけ私は生きている。皆さんもそうです。「唯識《ゆいしき》」という学問領域の中でこのように考えられています。皆さんお一人おひとり、人類の歴史を生き続けていらっしゃる。今皆さんは念仏の話を聞いて喜ぶとしましょう。その喜ぶということは今までの経験の中で、念仏に遇った経験があるからだと言われます。つまり今、念仏に遇って喜んでいるということは、私たちの喜びを生み出している念仏の経験が必ず歴史の中にたくさんあるということです。過去の喜びの経験の蓄積が私をして今、喜ばしめていると。

これは念仏に限ったことではありません。皆さんは能登の地震で苦しんでいる人たちを見て、心が苦しくなるでしょう。東日本大震災の時も、津波で車が流されて、「うわー」っと叫ぶ声と光景がテレビを通して聞こえ、見えてきた時に、うちでなくてよかったと思った人たちはあまりいないと思います。一緒になって、「あぁ…」と心の声が漏れる。たとえ縁もゆかりもない人たちであっても、それでも私たちは心が苦しくなるのです。

人類の長い歴史の中で、同じように災害に遭った経験を、数限りなく蓄積してきているわけです。戦争という経験も、飢えと感染で子どもたちが死んでいくという経験も、皆さん一人ひとりに人類という記憶としてあるわけです。ですから縁もゆかりもない人たちが苦しんでいるすがたをテレビで観ても、私たちは胸がつぶされたような苦しさを感じる。それは私たち一人ひとりに眠っている人類の歴史が呼び起こされているると解釈されているのです。皆さんそれぞれの人生の背景には、人類という歴史がある。その歴史が皆さんの中で止めることができない感情として流れ出す。

あなたが、今、念仏の教えを聞いて、遇い得た、嬉しいなと思うのであれば、それは自分の手柄ではなくて、あなたの中にずっと引き継がれてきた、人類の歴史の中で出遇ってきた人たちがいるということ。そのことの積み重ねがあって、私たちはこうやって皆さんと共にここにいるということです。皆さんが今日の法座《ほうざ》にいるということはそういうことです。皆さんお一人の功績でここにいるわけじゃない。数限りないおびただしい数の、私たちの知らない人類の先輩たちがいて、その経験を私たちに届けてくださっているということです。

■念仏が道となる

『平等覚経』の最後には、

仏是《ぶつこ》の経《きょう》を説《と》きたまう時《とき》、則《すなわ》ち万二千億《まんにせんおく》の諸天《しょてん》・人民《にんみん》、皆天眼《みなてんげん》を得《え》て徹視《てっし》し、悉《ことごと》く一心《いっしん》に皆菩薩《みなぼさつ》の道《どう》を為《な》す。

（『真聖全一』一三二頁）

とあります。〝お釈迦様がこの『平等覚経』を説かれて、教えを聞いたありとあらゆる者たちは、天眼、つまりすべてを見通す眼を得て、皆、菩薩の道を歩みだされた〟と。ここを私は、経道滅尽・断絶した時に、念仏に遇い得た無数の人々の遥かな歴史が必ずあなたの願いとして立ち上がるのだと。そしてそのことを聞いた人々が、未来の人々のことを見通し菩薩の志《こころざし》を発《おこ》すのだと受け止めています。

つまり、未来の人々のために、今、私が念仏を申すということだと。それは未来を背負う者になるということです。私たちさえよければそれでいいという話ではなくて、今ここで念仏を大切にすることが、知らない未来の人たちの願いとなり、道となっていくということだと思います。念仏が経道滅尽した後の人類にとっての大切な道になるということをいうわけです。

以前私は、『仏説無量寿経』の言葉しか見ていませんでした。その時は、この「経道滅尽」「止住百歳」という言葉は、すべてのお経が無くなった後、この『無量寿経』だけを残しますという、私たち浄土真宗の門徒にとってはとても都合の良い内容として聞いていたわけです。

つまり浄土真宗にとっての安全保証のような一文であると思っていたのです。〇〇宗が廃《すた》れ、〇〇宗が無くなり、そして新興宗教も全部無くなっていく。残っていくのは浄土真宗だけだ。なんていい話だ、というように思っていました。けれどもそうではないのですね。私たちの価値観を超え、確かに如来の願いがはたらいている。私たち一人ひとりに念仏に出遇えという如来の願いが止住百歳されるのです。

今回の地震では自衛隊も入ることができない地域がしばらくあるなど、

支援が届かず、「自分たちは見捨てられたと思った」という声を聞きました。地震はすべてが壊れます。電気も携帯電話も途絶えます。水も無くなる。今まで信じていたものが無くなります。何を信じればいいのかわからなくなって、あらゆる声が届かなくなった時に立ち上がる道を私たちは未来に残していくかどうかということが、実感されたことでありました。

■おわりに

最後に、能登で地震が発生し、それに対しての皆さんのご支援は本当にありがたく、これからもどうかお願いしたいと思います。

振り返れば、阪神・淡路や東日本大震災、熊本地震など、これまでも日本全国で多くの災害が起こりましたが、いつどこで同じような、またはもっと過酷な災害が起こるかわかりません。災害によって、人間関係をはじめあらゆることが壊れていきます。何かをしようという気力も希望も絶ち切られます。

そんな中、きっといろんなところで仏の教えを聞くことができないという時がくる。その時に私たちの称える念仏の経験が、災害に遭った人たちの道となっていく。神も仏もないと言わざるを得ない苦しみの中にあってもなお、身を通して立ち上がってくる願いがある。それが仏の止住百歳せんとする願いであり、念仏です。その念仏を聞き、仏の願いに応えていく。お経からのこういう問いかけに、どうにか私も応えていきたいと思いますし、ぜひとも念仏を申し、そして仏法聴聞を大事にしていただきたいと思います。皆さんが行《おこな》ったことは必ず人類の経験になります。ありがとうございました。

第二部

〈インタビュー〉

令和6年能登半島地震から半年
～被災地は今～

――まず、1月1日に発災してからの竹原所長と真宗大谷派の動きをお聞かせください。

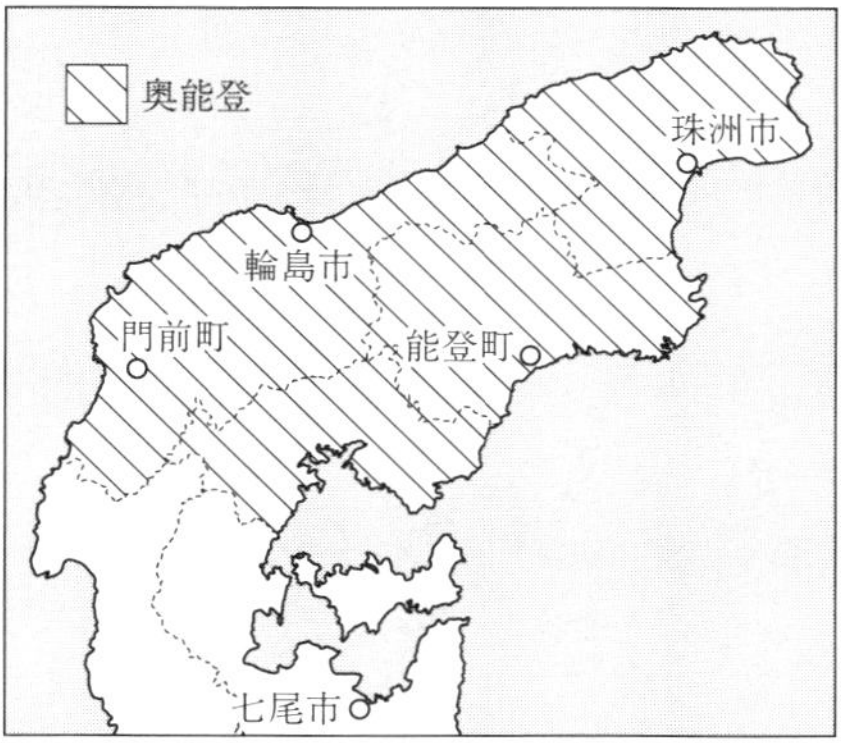

発災した時、私はすぐに珠洲の教区会議長に連絡しました。去年も一昨年も珠洲で地震があったので、おそらく今回もそうだと予測しました。しかし去年この七尾で感じた揺れよりもかなり大きかったので、珠洲は大変だろうと思って電話したんです。その時はまだ電話が使えました。本堂はどうですかと。ちょっと見てくると議

長が言われたので一回切ったんです。間もなく本震が来て、その後、連絡が途絶えました。

議長だけではなく、奥能登はほとんど電話が通じませんでした。去年一昨年の地震があったので、大谷派として能登教区の緊急連絡先、メールアドレスやＬＩＮＥ連絡網の構築を今年やろうと言っていたんです。しかし、それがまったく準備できていない中で今回の地震を迎えてしまいました。

そもそも発災したら、教区に災害救援本部、その下に各組《そ》の本部が設置されることになっています。しかし、能登教区３５３カ寺のほとんどが被災した未曾有の被害でそれができない。これは初めてのことで、本山と連携をとりながら、我々職員が主体的に動いていかなければならない状況でした。私自身も2日まで避難所にいました。そこから本山と連絡して、2日には本山に災害救援本部、同日に現地にも本部が設置されました。しかし、七尾にあるこの能登教務所は、水が途絶え、通信網が遮断されていたので、金沢教務所に設けることになりました。

職員には、2日に可能な人は来てくださいと。その中に能登教区の人が3人いたのは幸いでした。そうして体制を組み始める中、本山の東本願寺の派遣隊が3日に出発して、4日にはこちらに入りたいと。この第一陣は、トラックと公用車で京都から物資を持ってきて、途中、いろいろな避難所に置いてくることになりました。今までの災害でも、大谷派の門徒さんが多い所も少ない所もありましたが、能登はほとんどが門徒さん、あるいは真宗寺院と深い関係がある方ですから、門徒か否か関係なく、すべてが支援の対象ということを本山に了解いただきました。

本山隊が物資を届けている間に、我々は作戦を練らなければいけません。私は3日の朝5時ぐらいに教務所を出発して、まず門前、そこから輪島、そして珠洲へ行きました。会えた人からは被害状況やニーズを聞き取りましたが、一番やりたかったのは、本山隊やボランティアが入る時に安全が保障できるかどうかと、活動ができる環境が整えられるかの確認でした。門前には行ける。輪島は厳しいけれど行ける所は行ける。しかし珠洲はかなり危険だとわかりました。おびただしい数の緊急車両も入っていました。人命の救助、生命の維持は国の責任においてなされることですので、緊急車両を邪魔してはならないことと、安全が保障できない所に行ってくださいとはお願いできないことの確認は宗派と取れたので、本山隊には、行ったらすぐ帰ってくる形で物資を届けてもらうこととなりました。

奥能登は携帯電話が使えない状況でしたので緊急地震速報のアラート音も鳴らない。その中で活動するのには危険が伴います。それでも物資を届ける選択をしたのは、寺院や門徒さんの安否、被害状況などを把握することが、次の作戦を練る元になるからです。また真偽不明の情報が飛び交っていて人々の不安を呼び起こしていました。だから確かな情報を一刻も早くキャッチして伝えていくことが、本山隊と教務所がやらねばならない大切な仕事だったんです。

目的はもう一つありました。お寺さん方の携帯電話の把握を急いだんです。もちろんニーズを掘り起こすためでもあるのですが、寺と門徒さんとのつながりが切れないようにするためでもありました。国はまず一般市民の生活の復興、その上でお寺の復興という順で考えるはずなので、お寺の復興は確実に遅くなる。宗派はそのお寺をサポートしなければならない。これは相当な長期戦になると考えました。そのために一番大事なのは、お寺と門徒さんとのつながりです。当時、すでに御遺体が金沢、富山に運ばれていました。お経を上げてほしいとなったら、門徒さんは能登のお寺さんに来てほしいと思うだろう。違うお寺さんにお願いせざるを得ない状況になったら、関係が途切れていく危険性がある。それではお寺の復興が難しくなってくるということです。ですから、葬儀屋さんから連絡が来た時に、教務所がお寺さんの携帯電話をお伝えし、お寺と門徒さんとの間を取り持っていただくために、携帯電話の情報がある程度まとまった段階で、金沢の主な葬儀屋さんをすべて回りました。皆さん、好意的に協力してくださいました。実際に葬儀屋さんからの連絡で住職が無事だと聞いて、門徒さんが泣き崩れる姿を見た葬儀屋さんが、能登という土地は門徒さんとお寺とのつながりがこれだけ深いのかととても驚いたという話を聞きました。

また、法衣店から支援をいただきました。倒壊した寺院は衣《ころも》ももろともでしたので、僧衣の他に作務衣も、かなりの数をお届けいただきました。被害が多かった奥能登の寺院に重点的に届けていますが、まだ数は足りないです。

あとはお寺の応急処置です。雨漏りがひどい所がたくさんありました。たまたま能登町に入っていた岐阜の建設業者さんから本山に、困っているご寺院がたくさんあると思うので、ボランティアで支援させていただきたいと連絡がありました。そこで最初は被害がひどかった珠洲、能登町に限定してブルーシートをかけていただきました。災害時において公平性、平等性の確保は難しいのでクレームはおそらくあるだろうけれど、まずは珠洲と能登町。そこはほぼ終わりました。次に輪島へと少しずつ広げていきました。しかし、やがてこの業者さんがもう難しいということになったので、それまでに行けていない所は本山にお願いしました。

初動の対応の最後として、教区ＬＩＮＥを６日に立ち上げました。けれども携帯電話がわからないからリクエストができない。だからつながった寺院にさらに声をかけてもらって、２月の頭に登録者が１０００人まで到達しました。でも教区内寺院は３５３です。１０００は多すぎますよね。これは教区外の方々がつながっていったということです。そのおかげで支援物資も集まってきました。我々の本来の願いとしては、教区の皆さんへのお知らせやニーズの吸い上げのためでしたが、今でも

353カ寺すべてはつながっていないです。

――それから5カ月が過ぎました。今、必要なモノやコトは何でしょうか？

ＮＧＯやＮＰＯといった支援の手がどんどん少なくなってきています。県のボランティアもゴールデンウィークにはこれまでの1・5倍から2倍ぐらい来ましたが、基本的には1日ないし数日ぐらい。できることは限られています。

また、珠洲では弁当の配布が3月頃に始まりました。それは行政が生きる権利を担保するという意味で喜ばしいことでしたが、あと数日で終わるそうです。理由は暖かくなっての衛生面の問題、もう一つは地元のスーパーを活用してほしいからとのことです。しかし珠洲の人たち全員がスーパーに行けますか？　車も圧壊してしまって。どうしようという声が非常に多いです。これまで保障されていた生きる権利が、途絶えていく可能性がある。これは国の問題であり、国が保障しなければならない生きる権利は人権の問題です。

あとは仮設住宅。同じ行政区画でも地域によって扱いが全然違う。例えば、地域によって夫婦であれば２K。けれど同じ市でも１Kの所があります。ニーズにあった供給ができていないということです。実際、仮設に入れたけれども家族みんなは住めんと、住職が夜は傾いたお寺で寝泊まりしている場合があります。お寺だけではなくて一般の家庭でもあるでしょう。

けれども、一般家庭まで水道や電気が行き渡るには時間がかかると思います。工事が相当進んで道のすぐ側まで水道は来ているけれど、そこから家までは自分でやってくださいという形なんです。行政としてやることはやっているんでしょうけれども、それが本当に欲しい所まで届いていない状況があります。

生活インフラ、生きること自体がこれからさらに損なわれていく。復興へのステージが、むしろ下がってきているような感覚はあります。求められているものは発災当時から基本的には変わらない。しかし自衛隊も撤退する、NGOなども少なくなることで、不安だけが増している気がします。

――他の地域の注目、例えば報道の量なども減っていると感じますか？

はい。なので、ボランティアに行きたいけど行けないという人には、あなただけでいいから来てくださいと言いたいです。極端な話、あなた一人の体温が、能登の方に伝わるだけでもいいと。そして見ていただく。それをまた伝えていただくことで、何かしら動いていくかもしれない。発災当初は確かに車には来てほしくなかった。しかし今はフェーズが違います。とにかく来てほしいとお願いしています。

どうしても写真はきれいに写るんです。実際に見たら全然違います。見てもらうことは支援につながるかもしれないし、能登の教訓に学んでいただくことがあってもいいのではないかと思います。

――今後も自然災害は頻発すると予想されています。それに対する準備として気をつけることを教えてください。

すべての教団において連絡網を把握しておく必要は絶対あると思います。初動がまったく違ってきますし、我々が危険と時間を費やした労力も、平時であれば必要ありませんでした。

あとは、宗派のＨＰやＸ（旧ツイッター）などに具体的な寺院名と住所は書いていません。当時からパトカーが相当走っていたのは盗難もあったからです。今もいろんな人たちから物色されているという情報が入っています。また、これから立ち行かなくなっていくご寺院に対して、宗教法人のブローカーが動いてくる危険性も考慮する必要があると思います。彼らが目星をつける際の情報源として使われてしまう可能性を考えて、どこまで載せるか考えなければいけないと思います。

最後に準備しておくものは水です。2月からこの能登教務所が本山隊の拠点になり、ボランティア支援センターも開所しました。ただこの段階ではまだ通水していませんでした。ここにあった9トンの水は早々に枯渇しました。ですから雨になったらすぐバケツに水を溜めました。雪は溶かすのに時間と熱量がかかるので役に立ちません。飲み水は本山隊が持ってくるもの、あるいは金沢教務所で給水したものを使っていましたが、水の問題は問題としてずっとあり続けました。

――最後に、仏教界として災害に対してどう向き合えばよいと考えますか？

道路に例えるならば、お寺がコースアウトしないように、道が割れていたら埋め物をして走れるようにすることが、宗派行政が一番やらなきゃいけないことだと思っています。

しかし、これほどの広域災害になると宗派独自で動くのには限界があります。その時に一番力になるのは、国や国会議員、さまざまな業者、他の宗教団体など、いろいろな人たちと手をつなぐこと。そういった被災地だけでなく全体が手をつないでいくコーディネート機能が宗派にも宗教界にも求められていると思います。

あとがき

本書は、小松大聖寺教区から「法話を冊子化、頒布した収入を、能登教区へ被災地支援の救援金としてお届けしたい」とのご配慮で開催された「十二日講」（五月十二日開催）の法話がもとになっています。また後半に収録されたインタビューは、『全仏』（公益財団法人／全日本仏教会発行）の記事（五月十五日取材）を転載したものです。

二〇二四年一月一日以降、能登では一時間先の目途すら立たない非常に苦しい状況が数カ月続いていましたが、五月頃になって少しずつ見通しが立つようになり、多くの方々からいただいた支援の温かさに心動かされて、意識的に被災体験と災害対応の経験知を伝えることを考えていたのを思い出します。

能登に支援を続けてくださっている宗派関係機関や宗派内外の団体・個人の皆様には感謝の言葉が尽きません。間断《かんだん》なく支援をお届けくださる場に居続けると、これほどの支援を突き動かしている背景に何があるのかと推求するのは、ごく自然のことのように思います。

これまで全国各地で災害があり、その都度、被災者と支援者の間に支援活動を通じた交流が繰り返されてきました。これらの中では、出会う喜びもありましたし、悲しいことに関係性が分断されていくような現実もあったようです。その経験があって「助けていただいた、その恩返しに来ました」「以前の被災地ではこういう悲しいことがありました。でも能登の人たちに同じ辛さを味わわせてはいけない。そう思って能登に来ました」――このような声が今、聴こえてきます。能登への支援の背景には、各地の被災地の人々の折り重なった祈りが込められている。これまでのすべての被災地と能登とは、繋がっていると感じています。

さらに、現在の被災地の能登も同じように、未来の被災地と繋がっています。能登にまで引き継がれた支援のバトンをよりよい形にして次の被災地へお渡しするために日々悩ましい情況の中で宗務を遂行していますが、今回貴重なご縁をいただいて、本書を通して被災された方々から教えられたことや、発災以降の宗派の取り組みと経験の一端をお伝えさせていただけることは望外の喜びです。このことによって、能登がいただいた膨大な支援にわずかであっても報いたことになればと念じています。

二〇二四年十二月　能登教務所長　竹原　了珠

著者略歴

竹原　了珠（たけはら　りょうしゅ）

1970年生まれ。
真宗大谷派能登教区浄願寺住職。
能登教務所長。

―被災地《ひさいち》 能登《のと》からのメッセージ―立《た》ち上《あ》がる念仏《ねんぶつ》

2025（令和７）年２月１日　第１刷発行

著　者　竹　原　了　珠

発行者　木　越　渉

発行所　東本願寺出版
（真宗大谷派宗務所出版部）

〒600-8505　京都市下京区烏丸通七条上る
TEL（075）371-9189（販売）
（075）371-5099（編集）
FAX（075）371-9211

表紙デザイン　ツールボックス

印刷・製本　中村印刷株式会社

ISBN 978-4-8341-0696-1　C0215

©Ryoshu Takehara 2025 Printed in Japan

書籍の詳しい情報・お求めは　東本願寺出版 検索 click

真宗大谷派（東本願寺）ホームページ　真宗大谷派 検索 click

「令和６年能登半島地震」に関する宗派の取り組み・救援金について ➡

乱丁・落丁本の場合はお取り替えいたします。
本書を無断で転載・複製することは、著作権法上での例外を除き禁じられています。